Quero-quero na várzea

Sylvio Fraga

Quero-quero na várzea

Poemas

todavia

Para Carolina

A maré subiu demasiada
e tudo aqui está que é água

Djavan

Abacateiro, acataremos teu ato
nós também somos do mato como o pato e o leão

Gilberto Gil

Now that I have been here for a little while, I can say
with confidence that I have never been here before

Lydia Davis

Tempo de viagem 11

Mapa-múndi

Sombra azul do ipê-amarelo 15
Bizantina 16
Pescador 17
Galinheiro universo 18
Mapa-múndi 19
Raiz 22
Goiaba 23
Ganhos e perdas 24
O cintilante 25
Robalo nenhum 26
Ensaboados 30
Quero-quero na várzea 31
Planando 32
Rumo 33
Poema que não sai do papel 34
Maneira 35
Talvez ele leia este livro 36
Poema da garça 37
Ponte 38
Reza 39

Preamar

Uma cigarra na árvore genealógica 43
Saíram as pesquisas genéticas 44
Lá e cá 45
Habitat 47
Caminho 48
Ilha de Ellesmere 49
Preamar 51
Biologia do amor 52
Piaçava 53
Aonde 55
Poemas da Flor 56
Entardecer da madrugada 59
Bota no feijão 60
Arquivo 62
Alagados 63
Paisagem da paisagem 64
A jaca na bancada 65
Lastro 67
Nascimento contínuo 68
Manhã de chuva na Via Láctea 69

Índice de títulos e primeiros versos 73

Tempo de viagem

Generalistas enciclopédicos,
sentimentalistas autocongratulatórios,
peço licença,
tenho que ir ali.

Alarmistas entediados,
abraçadores de garçom,
peço licença,
a framboesa deu flor.

Escambistas do subentendido,
alpinistas de descida,
peço licença,
meus gatos entraram na samambaia.

Impressionistas arquitetônicos,
renascentistas afobados,
todas as onças
estão em curso.

Remanescentes de si próprios,
brasilianistas brasileiros,
peço licença,
meu filho está com dez centímetros.

Autoritários da indignação,
catalisadores do inevitável,
peço licença,
peço licença.

Enólogos de lágrima,
historiadores da terceira guerra mundial,
colecionadores de coincidência,
especialistas em pão francês,

peço licença.

Mapa-múndi

Sombra azul do ipê-amarelo

Ela dorme
mas o bebê e eu estamos acordadíssimos

eu aqui fora
ele lá dentro

é como estar com uma árvore

deito aqui à sua sombra
ouço seus frutos caindo na brisa

mas não são de comer

quer dizer
macaco-prego e maritaca comem

dispersando sementes
pelo meu sonho

reflorestando algumas regiões

Bizantina

A moça espreguiça
Com as mãos para o alto
Isso é assalto
Ao meu coração
De feno em feno
O mundo brilha
Queria beijar
Aquela axila
Saltará dali
Uma raposa ruiva?
Voará dali
Um turvo de faisões?
A brisa passa
A vida passa
Um gato de rua passa
O café chega
Isso é assalto
E meu coração
Não reage

Pescador

Cadê a onça onipresente que ninguém nunca viu?
Ao contrário de deus
suas pegadas são inconfundíveis,
arredondadas e justas como seixos.
Há muito ganhamos a coluna ereta
e a solidão convexa, que empoça,
arredondada como as almofadinhas
da pata da onça na beira do rio.
A coluna da garça também é ereta
mas sua solidão é plena,
um peixe escorrega
por sua garganta comprida.
Pego um único peixe mas é jovem,
não tenho coragem.
Devolvo ele ao rio e vou para casa,
todos os peixes desmultiplicados num só.

Galinheiro universo

Se você está perto
quando as galinhas pastam
há um cacarejo delicado
de consoantes lixadas avisando sempre
estou aqui estou aqui
estamos perto umas das outras
isso é ótimo somos um grupo
à procura de insetos no campo
andando juntas calmamente estamos
perto umas das outras
para que tudo dê certo.
Passa um avião, elas pausam.
Deito e ouço meu sangue
fazendo curvas com as galinhas.

Mapa-múndi

I

No dia em que descobrimos
a gravidez de Carolina,
isolados entre mar
e o mangue-rio,
minutos depois
que nos abraçamos
passou uma jiboia
pelo gramado da casa.
Comprida, calma e forte,
subiu pelo deck
e seguiu seu rumo
até o outro lado do mato.

II

É aqui ou aqui?
pergunto tateando
sua barriga ainda igual.
Aqui, ela diz,
apontando no mapa.
E agora?
Agora esperamos.
Esperamos, pensei,
olhando a pele lisa
como o mar,
olhando o tempo
de repente
o tempo todo.

III

A jiboia leva o mapa da floresta nas costas.
Lentamente o mapa desliza
pela serrapilheira, pela areia, pela lama,
orientando o mundo.

O sabiá-da-praia pousa no galho baixo,
olha o mapa e segue seu rumo.
Burle Marx se guiou também.

Alguns são engolidos pelo mapa
mas é o que se paga.

Toda primavera os mapas se multiplicam
e milhares de outros mapinhas
rapidamente ocupam os espaços
onde não há outros mapas.

Por isso ninguém nunca viu
um animal perdido na floresta, como eu
quando a jiboia passou pelo gramado da casa.

Raiz

Dorme a mulher
ela e nossa filha ou filho
de 3,6 milímetros
conforme as imagens de satélite

Eu sou aquele retrato talhado em madeira
que o mar carrega e joga na praia
puxa de volta
joga na praia

Somos três
mas eles são dois

Pequena cordilheira ela dorme
ao seu redor
uma Baía de Guanabara limpíssima
de antigamente

Goiaba

Erros?
Cometi vários, nenhum comprometeu
de modo que eu não esteja aqui
justificando, temendo e exaltando-os
com ilusão musculosa.
Acaba que o tempo passa.

Na primeira sensação de madureza
alguns medos
(larvinhas que nenhuma mordida soubesse)
ganham porte e são inteiramente da matéria
que nos compõe.

Minhocas de goiaba
flutuam em seus planetas.

Não há tempo para perder,
é preciso começar a ter calma.

Ganhos e perdas

Às vezes sem querer
converso com minha velhice,
ajuda a enxergar melhor
uma tarde difícil.
Sinto o que sentiria
olhando esse instante
em clarividente
retrospectiva fabricada.
Você pode se sentir cercado
ao fazer isso
ou simplesmente dentro,
aconchegadamente.
Velho Sylvio quer ver a noite
descer sobre as árvores
de suas lembranças.
Talvez ele até desça
de onde vê a floresta
e passeie dentro dela
ao lado de um futuro cão,
talvez ele sinta
as árvores perderem forma
mesmo correndo o risco
de alguma dor.
A cada vinte metros
quantos bichos pausam
até ele passar,
respirando mais leve?
É como de repente ganhar tempo.

O cintilante

Ela escorrega até o meu lado da cama,
abraçamos sem braço
como duas focas
no iceberg sob as estrelas.
Aos poucos ela adormece,
pequenos gestos surgem de seu sonho
em livre sintonia
com os gestos do nosso filho
dentro dela.
Qual urso-polar nos espreita?
Às vezes esqueço
que meu filho ainda não sabe nada.
Ele não nascerá em Alepo,
não nascerá pobre.
O mundo é um tecido de problemas
que aquece alguns do frio
de não existir nada.
Meu filho terá que navegar
essa falta de novidade.

Robalo nenhum

Aos 80 de Armando Freitas Filho

O baiano foi preso
Roubou um peixe
Ia fazer moqueca
Pra família
Deu no rádio
Em Salvador
Há dois anos
Não sei por que
Lembrei do baiano
Que roubou um peixe
Que peixe é esse?
Nasceu no mar
Do tamanho
De um farelo
Cresceu
Sobreviveu
Na vida selvagem
Boa e arriscada
Crescendo mudando
De alimentos
Conforme o tamanho
Da sua boca
Antes plâncton
Depois camarões
Peixes menores
Peixes médios
Até que tudo
Se interrompeu

Rompeu-se tudo
Na rede improvável
O peixe foi erguido
À proa seca
De tábuas intermináveis
Puxando misteriosa
Água rala misteriosa
Não-água venenosa
Pelas guelras delicadas
Até que a vida
Enfim a vida
Se apagou no sol
Enfim
Foi levado à feira
Enquanto isso
Um homem acordou
Foi levado à feira
Pela urgência
De pedir emprego
Qualquer bico
Foi enxotado
Que nem gato
Pegou o peixe
Pelo rabo
Com raiva
Não do peixe
De tudo
Que não deu certo
Apesar de seus esforços
Constantes e honestos
Saiu correndo
Entre carros
Mas um fusca   ›

No susto
Catou seu joelho
O homem tombou
O peixe voou
Um policial
Que estava perto
Jogou o esfolado
Pra dentro do carro
Lembrei porque
Lembrei do baiano
Que roubou o robalo
O taxista haitiano
Agora mesmo
Na Rio Branco
Do Rio de Janeiro
Conversava em créole
Com alguém no Haiti
Pelo viva-voz
Talvez o cunhado
No fundo ouvi
No fundo das palavras
Nítido como um gesto
Nítido como Niterói
Em maio
O grito de um galo
Um galo haitiano
Talvez em cima
Do entulho
Um morrinho de lixo
Ciscando no quintal
A céu aberto
O galo e sua voz
Projetados pelo mar

Pelas terras
Da Amazônia inteira
Fiapos
De mata Atlântica
Ressoando baixinho
Seu agudo macio
Num táxi carioca
Para dentro
Dos meus ouvidos
Que ouviram no táxi
De Salvador
Há dois anos
A história do homem
Que roubou um peixe
Amigo
Caso ninguém
Tenha lhe dito
Você não fez nada
De errado você fez
O que pôde
Como um peixe ou um galo
Imerso embicado
Na vida possível

Ensaboados

Vi meu bebê
deitado numa rede

mais tarde no banho
pensamos sobre o mundo bom
o mundo terrível
a chuva que salva e que mata
o sol que morre dando à luz um rosa
que acalma tudo

no banho ela põe a mão na barriga
a água vai escorrendo
sempre foi assim, digo a ela
esperando a minha vez na água
mas está pior, ela diz

o bebê segue deitado numa rede
nesse instante
suas mãos são nadadeiras
Carolina o leva para todos os lugares
num doce balanço
ela precisa de um sanduíche

Quero-quero na várzea

A cidade é um barulho de obra
mas tudo cai aos pedaços.
Minha obra não faz barulho nenhum,
dorme quieta nas estantes,
com sorte numa bolsa.
Me satisfaço com pouca atenção,
a vida já me deu muito.
Acontece que às vezes
não se recebe nenhuma atenção
e a tristeza ocupa o vazio
onde minha obra canta apenas para mim.
Não há nada mais bem construído que uma tristeza.
Vigas deslumbrantes e infinitas.
O quanto de cada coisa é o quê?
Dizem que o afeto é tudo.
Não é tudo, mas é maioria.

Planando

Como dormir se hoje por exemplo
ele nasceria com saúde?
Tento me mexer menos que ele,
a mãe já dorme pouco.
Nos corredores da minha cabeça
há muita gente, luz fria e obrigações.
Corredores do meu colégio?
Há uma dor antiga do sexo ainda distante
como um grupo de meninas
na outra ponta do gramado.
Quem é que não apaga a luz?
Extraviado sol parasita.
Folheio transas possíveis e antigas,
tento reverter o resultado de Wimbledon.
Fico chateado se algo me impede o sono
mas hoje não será assim.
Deito com a dignidade de um pequeno animal
que não pensa na morte
mas luta pela vida.
Na contraluz da janela branca
a barriga movediça.

Rumo

O galo sabe o que fazer, leva as galinhas
pelo campo suavemente ensolarado,
quando a luz cai por trás do vale conduz
o retorno até o galinheiro onde tem água
ração e poleiros para que durmam longe
do chão medonho — sem exemplo masculino
ele sabe o que fazer, com a asa dança
e acasala para que dos ovos galados
nasçam pintos — galinhas sabem o que fazer,
mães de primeira viagem (curta viagem)
elas sentam nos ovos e criam seus filhos,
alertas os levam até comida e água.
Eu não sei bem o que fazer, levo comigo
um pinto morto, ainda ontem estava vivo.

Poema que não sai do papel

O menino reorganizou os órgãos da mãe
que por fora caminha no sol fresco de maio
com novo centro de gravidade

No prédio onde decolamos para observar nosso filho
há uma loja de chocolate
especialmente desenhada
para futuros pais que pedem ajuda
quando a luz baixa e ideias perdem o contorno

Leonardo nunca pôde colocar em prática
suas máquinas
mas já estou com um pé na minha

Viro e dou tchau para os homens comuns

Maneira

Estou no cerne
de uma geração de maneiristas?
Se Georges de La Tour foi maneirista
então tudo bem,
basta se isolar da rapaziada
e ficar em Lorraine.
Para estudar verso livre depois de Bandeira e Drummond
vou até uma árvore.
Olhando ao pé de cada uma
os galhos vão mostrando caminhos
até as extremidades da copa,
cada um à sua maneira,
transformando sol em sombra.

Talvez ele leia este livro

Filho, estou em 2019.
Panda, sua primeira amiga,
está neste sofá entediada e feliz.
Ela não estará entre nós
enquanto você lê este verso.
No entanto ela está aqui
e na sua memória à beira
de dividir a vida com você,
prestando muita atenção
no barulho de moto
que entra na rua.
Espero que minhas ideias
envelheçam bem,
que eu fique atento
às mudanças do mundo
para não te atrapalhar
diante do desconhecido
que vive sempre diante de nós
(queira ou não queira).
Eu e sua mãe estaremos
por onde?
Torço para que eu esteja
ao lado dela num Brasil
que sobreviveu às igrejas.
A sorte nos deixa egoístas
mas é possível vencer isso
como os animais:
prestando bastante atenção.

Poema da garça

Árvores imensas
uma atrás da outra no canal
onde o socó tocaia
peixinhos
a sombra flutuante
nos acalma como pode
ser tão bonita
a paisagem
tão hostil ao homem
que dorme com o rosto
numa raiz?
desde a primeira contração
ele circula
de não em não
nada o acolhe
nem as árvores
que pertencem aos guardas

Ponte

Filha única,
nunca teve que dividir grande coisa.
Agora divide o corpo
com o filho.

Esse último mês é difícil.
O piloto declarou que pousaremos em breve
mas ainda estamos no ar.

Aqui em cima se vê tudo
e não se vê nada.
Ruas, ruelas, incontornáveis
vontades da natureza.

A gente vai esculpindo caminhos,
um cacheado de aparas
se amontoa aos nossos pés.

Em breve todos os avós
não terão vivido a Guerra.

Reza

Vocês que andam pelos muros,
fios e árvores de canteiro
contornando toda noite
nossas vidas em segredo,
vocês que dominam tão bem
a arte de continuar,
ajudem esse bebê a vir logo
pois o tempo se afunila
no coração desta mãe
que, como a laranjeira mais valente,
enverga seus galhos até o limite.

Preamar

Uma cigarra na árvore genealógica

Deitado com meu bebê de quinze dias
a voz da cigarra nos atravessa
como a linha do tempo ela própria.
Da cabeça aos pés
ele dorme no meu peito
e me dissolve na noite.
Meu filho não sabe a diferença
entre ele e o escuro que nos envolve,
não vai lembrar
que seguro seu pé, levo minha mão
pela sua perna, pela fralda,
até chegar no seu cabelo.
Ele deitou assim sobre a mãe
quando o cordão ainda pulsava.
Era o coração dela
dando o empurrão final.
Em breve ela surgirá
como um sino de almoço
e os sabiás correrão para catar
as últimas minhocas
para que seus filhos sobrevivam à noite.

Saíram as pesquisas genéticas

PANDA (*cadela*):
32% marsupial indefinido, 16% quati, 10% sabiá, 8% gato doméstico, 8% corujinha-do-cerrado, 7% camundongo urbano, 6% homo sapiens, 5% pônei, 5% marisco, 3% hipopótamo

ROGER (*gato*):
29% cachorro, 29% macaco-prego, 20% hiena, 10% tigre siberiano, 7% mosquinhas-da-fruta, 5% caramujo

ILÚ (*gata*):
80% leão, 16% borboleta, 4% jacaré

MEU FILHO:
50% Carolina, 48% Sylvio, 2% guaxinim

Lá e cá

O pinguim macho volta do mar
com a barriga cheia de peixe e uma pedra na boca
que oferece à fêmea.
Por pouco escapou da orca.

Debaixo dela surge o filhote
ávido pelas delícias na goela do pai,
sua penugem lembra o cabelo do meu filho.
Ninguém desgruda da mãe.

Chego da rua e ofereço um chocolate à Carolina.
Nosso filhote dorme no peito
como se o leite da garrafa
derramasse para o copo.

Os pinguins fazem ninho no 1% da Antártica
que não é coberto de gelo,
meu filho chupa seu ouriço de plástico chamado *grrl*,
famílias se formam mundo afora, a terra resiste.

Tchernóbil agora é santuário
de vida selvagem
com alces, lobos, falcões e lebres,
a floresta revestiu cada prédio.

Basta dar uma chance
que tudo recomeça.
Carolina dá de mamar
sonhando com um novo emprego.

Eu e Tchernóbil esvaziada de humanos
temos a mesma idade: 1986.
Foi o ano em que Tarkovsky morreu envenenado
mas não se pode culpar um país.

Em algum lugar da Rússia existem ossos
que se movimentaram com prazer
para que eu esteja aqui vendo seus filmes
e imaginando nossa amizade.

Só a baleia jubarte sabe o que é
ver o pessoal pegando sol em Ipanema,
ver o pessoal pegando sol na Antártica.
Vai e volta todo ano.

Algum dia no meio do caminho
ela afundará curva
como em pleno salto
e o fundo do mar terá o que comer.

Habitat

Uma mulher canta na noite do bairro,
é terrível e ficamos impacientes.
Mas ela está se expressando na noite,
que é quando as pessoas não têm muito onde se agarrar.
Não se pode dizer: cale a boca!
Especialmente no verão, quando o bafo da terra sobe
e alaga seu apartamento.
Zumbidos de silêncio urbano crescem num bolo de estagnação,
não tem gosto mas vai te engordando
de não sei o quê.
O ar basta mas não sacia.
Ando pela sala embalando meu filho
pois sou a embarcação peluda entre o útero e a vida.
Azul resiste no céu em despedida arrastada.
A casa deita esfriando, feito uma carne.

Caminho

A senhora em boa forma é viúva.
Ela olha pra mim, um homem jovem,
ela olha com os olhos acalmados
da chuva automática em janeiro.

No sentido puro do sem sentido
sou seu marido nos anos setenta,
compro uma baguete pra Carolina
que sonha tranquila manhã adentro.

A viúva perambula no set
do filme em pausa e apressada leva,
sem saber, o fuso que em torno dela

gravita — não a morte —, ela traz
nas mãos o tempo como uma grávida
em gestação inversa, e infinita.

Ilha de Ellesmere

O extremo norte do Canadá se desmancha em ilhas
onde lobos não têm medo de humanos
simplesmente porque nunca os viram.

É possível chegar perto,
ver os filhotes pegando sol na entrada da toca
esperando a mãe cheia de leite e pressa
atrás de um alimento qualquer
enquanto o pai, tios e irmãos mais velhos
caçam boi-almiscarado doente, velho ou filhote.
A lebre-ártica não vale o esforço.

Delicadamente essas populações
se equilibram e assim os bois não comem toda a tundra
nem os lobos entram em guerra civil.
Verão é um dia de três meses,
os filhotes de lobo precisam nascer e crescer
antes que venha a noite.

Longínquo descendente da cabra,
o boi-almiscarado é matriarcal,
as fêmeas mapeiam os bons pastos da região.
Os lobos, portanto, guardam o mesmo mapa.

Eis que na vasta paisagem onde nada se encontra,
um grupo branco e um grupo preto
se encaram no xadrez da morte.
Se olham, se estudam.

O rei é um filhote de boi
guardado no centro da roseta que se forma
numa barreira peluda e fedorenta de músculo e chifre.
O outro rei é a fome.

Os lobos provocam, ameaçam e dessa vez
a impaciência leva os bois ao grande erro:
se deslocam.
Bastava não mover a primeira peça.
Começa a longa dança do terror e caos
até que o rei é capturado.

Os bois seguem adiante absorvendo a perda,
o galope rígido inoculando esquecimento enquanto o rei,
antes protegido vivo,
agora é o protegido morto até que dele
restem apenas os ossos,
brancos como os lobos do ártico.

Preamar

Ouvimos um sabiá no escuro
dando voltas na sala.
Tenho apenas duas mãos
e um menino chorando.
A ideia de ele ser meu é secundária,
como uma floresta.
De braço em braço
como nos galhos altos da mata
ele já é irreversivelmente ele,
de olhos arregalados no escuro claro
que o poste de rua eleva à sala.
Acho que uma bolha de ar
está presa em seu corpo
então lemos as lombadas de livros:
A pintura no Brasil holandês,
Anais do Museu Antônio Parreiras,
talvez isso tudo acabe
num sebo qualquer.
Mapeando o chão
voltamos devagar até o berço
que é um lugar terrível
então voltamos a circular
no raso da noite
até que a maré cheia vem
e põe a mão no meu ombro.

Biologia do amor

Panda e eu vivemos uma relação
de verdadeira simbiose.

Eu lhe dou comida,
ela me avisa se há perigo:
um cão na esquina,
gambá na fiação.

Nunca errou, por exemplo,
se veio alguém com energia estranha.
Arrepiada ela cerca a visita
até que vá embora.

Amor não tem nada a ver com simbiose,
que é utilitária.
Mas pode nascer daí,
sem problema algum.

Piaçava

Golpes curtinhos desentranham
a florzinha de areca
derrubada pela abelha-cachorro,

varridas longas
conduzem a matéria natural
numa direção geral.

Lava-se toldo com piaçava também
como na Índia lavam elefantes
e de madrugada restaurantes.

Levo também o caroço esbagaçado
das frutinhas de palmeira
que rolam desgovernadas,

são elas que o gambá chupa
sob o bruxuleio
de Jornais Nacionais.

Varro a pedra
como se lavasse a alma,
não por ser dura ou impenetrável,

é como quem lava seu cavalo
que gosta e não entende
mas seu cavalo é você.

Varro quase todo dia
o chão de pedra
no quintal,

de modo a não manter limpo
mas manter livre
o espaço onde se vive.

Aonde

O que esses gatos pensam
quando estão diante de uma sacola
ou pequena caixa?

Investigam como se fossem encontrar
um túnel secreto
para outro lugar.

Entram e ficam lá.

E não é que estão em outro lugar?

Poemas da Flor

I

Encontrei sua caixinha de joias,
os anéis deitados como ovelhas sob o olmo na litografia.
Me lembram sua cama desmontada na Suffolk Street.
Dali pegamos o metrô até o Frick
para comparar seus dedos finos com os de Van Dyck.
A essa altura estaríamos mais próximos, lembrando?
Agora lembranças precisam se sustentar sozinhas
como a cabeça de um bebê.

II

Flora deitou na quedinha-d'água
vestindo apenas a floresta.
Pisando em volta eu me equilibrava
nas pedras e na corrente.
Deitar com ela seria tão pitoresco
quanto desconfortável.
Quando abriu os olhos, ela me viu e disse
tira uma foto, mas apaga.

III

Passando por essa mesma rua, olhando pelo vidro
desse café, Flora não veria esse poema
nascendo sobre sua morte.
Estou com a mesma camisa
que vesti com ela mundo afora,   ›

que vesti no seu velório.
Início, meio e fim num só início,
uma flor queda intacta ao pé do precipício.

IV

Em Viena passamos a noite esperando minha sobrinha,
minha irmã urrava.
Flora achou um terraço pra fumar.
Eu a sinto mais perto naquele terraço com o dia raiando
sobre a Europa
do que nesse bairro onde morávamos.
Dias depois catamos morangos na Eslovênia
e dormimos em Cavazzo
onde conversamos no escuro e descobrimos
que os passaportes ficaram em Viena.

V

Em visitas virtuais há uma sensação de estar em viagem.
Fui beirando o Arno até a Galeria Uffizi.
Lembro bem da sala em que estou,
os retratos do Duque e da Duquesa de Urbino.
Meu rosto flexiona mil músculos para lembrar daquele dia,
o que almoçamos, que tênis ela usava,
mas a cortina é muito pesada
e solta uma poeira cintilante.

VI

Na Itália andamos pelo campo sem saber de nada
quando surgiu um rebanho de cabras.   ›

Foi quando a tristeza veio ver
o que havia de tão bonito.
No verão carioca o sol da manhã
lembra a luz de lá,
onde moram as paisagens
aposentadas de seus retratos.

Entardecer da madrugada

Deve ser difícil
chorar assim sem consolo
sem entender ainda
o que é um beijo.

O que acontece?
É uma tarde que tomba suavemente
em nossos corações?

Haverá sempre um sentimento novo
que nos atravessa
como uma fome atravessa a cidade
na barriga do cachorro.

O manacá-da-serra, por exemplo,
guarda infinitos rosa
entre seu branco e roxo.

Prometo não ficar tão frustrado
na aventura da noite.
Juro por cada elefante
no seu pijama.

Bota no feijão

Velho Dinei só come farinha com carne
na vasilha vermelha de cachorro grande.
Cuida sozinho da roça e acorda às quatro
pra ordenhar vinte e três vacas todo dia.

O litro do leite caiu pra um e vinte
tornando tudo mais difícil de aguentar.
"Pequeno agricultor" é termo que se ouve.
(Filho de açougueiro, também foi açougueiro.)

O porco mora numa caixa pra engordar
escorregando no próprio cocô, aos berros.
As galinhas protegem Dinei e Mainha
de escorpiões, lacraias, cobrinhas e aranhas.

Por sua vez as galinhas são levadas por:
iraras, raposinhas, cães e guaxinins,
mas ainda assim a população se mantém.
Comprou um cão "inglês" pra proteger as aves

mas, ao invés de protegê-las, devora os ovos.
As galinhas-d'angola são espertas e gritam,
os perus são insuportáveis e agressivos.
O jegue vive de pau duro junto às éguas

e leva pancada sem doer do Dinei.
Quando Dinei muge, todas as vacas descem
se esbarrando, afoitas pra lamber o sal.
Uma delas, a amarela, é traiçoeira.

Às vezes não tem sal e elas perdem a viagem.
Dinei ama criança e tem netos postiços.
Tirou um naco da própria orelha com o facão
enquanto podava o pé de cacau: marimbondos

o atacaram e dando facada no ar
caiu desmaiado; quando chegou em casa,
percebeu a metade da orelha faltando
e voltou indignado até a maldita árvore.

Viu o pedaço de orelha a seis metros dali
carregado barranco abaixo por formigas
e tomou-o de volta; pisou nas formigas.
Conseguiu fiado um carro até o hospital

para o médico dizer: "Bota no feijão".
Quando você colocar leite no café,
servido num lugar bacana, fino e limpo,
lembre de Seu Dinei, avô de qualquer um.

Arquivo

O cão do vizinho late para dois ouriços
que brigam na mangueira.
Brigam porque é necessário.
O cão late em nome da ordem e da clareza.

Volta e meia ele abocanha um ouriço
pois é necessário conforme seus ancestrais
que desbotam de seu sangue
como lombadas de livros.

Boca cheia de espinhos e incompreensão
ele espera o dia raiar.
Nunca mais ele fará isso,
vacinado pelo ouriço.

Alagados

Cartas de antigas namoradas
oscilam em alguma caixa
que minha mãe escondeu.
Uma é mãe, outra se mudou,
a última morreu.
Ainda escurece
da direita para a esquerda
enquanto cães (novos cães)
mastigam alto sob a janela
um croc-croc suave.
Aguardo algumas angústias
mas elas não vêm.
Tal como a borracha
que encontrei na gaveta,
não servem mais.

Paisagem da paisagem

Meu filho flutua, às vezes leva um susto
abrindo os braços para evitar o pior.
É apenas o reflexo?
A recordação da porta que bateu no vento?
Mesmo dormindo seu olhar salta vales e riachos.
Braço pendurado, boca entreaberta,
uma gota transparente.
Ele sonha simples.
É como examinar as fezes da raposa.
Remonta-se o esqueleto do sapo, do camundongo,
plantam-se as sementes da framboesa selvagem.

A jaca na bancada

Seus espetos não furam a mão, mas por ser pesada, os espetos doem.

Ao lado da fruteira, a jaca é como o macaco olhando meu gato pela janela.

É uma fruta como qualquer outra e o elefante é um mamífero como qualquer outro.

Será cortada e limpa, como um peixe, com a faca do peixe.

O homem que a trouxe é do Ceará, a jaca não machuca suas mãos.

Ela é um presente para meu filho, que sem medo de ser feliz come jaca feito banana.

Fizemos até frango de jaca pra ele na panela de pressão, que não leva frango.

Tal como um peixe, não poderá ficar muito tempo na bancada.

De perto, seus espetinhos parecem uma floresta filmada de um helicóptero.

Uma floresta de pinheiros revestindo um morro onde o macaco não plantará jaqueiras com seu cu.

A jaca na bancada da cozinha como a floresta embalada para viagem.

Surgiu uma jaqueira no meu quintal, mas não tive coragem de deixá-la arrebentar minha vida.

Maior das frutas, parece gorda, mas seu peso é uma grande soma de magrezas.

Se a jaca cai no para-brisa, é como atropelar uma vaca.

Seu amarelo é verde mas seu verde é marrom.

De noite quando chove, a jaqueira está fazendo jacas.

Lastro

Para minha mãe

Se eu acreditasse em signo
o meu seria caqui, que dá sempre em março.
Como qualquer peixes, touro,
áries ou aquário,
em cada caixinha de seis
vêm três rachados.
Esses comprei na rua mesmo,
empoeirados do trânsito.
Disseram que meu bebê é do signo tal
mas por ora ele é meu,
desamarrado de qualquer astro.

Nascimento contínuo

A partir de Jack Gilbert

Um bebê é pesado,
mas por isso temos dois braços.
Você o carrega com o braço direito
até que esse se canse
e então o carrega com o braço esquerdo.
Nesse meio-tempo
o braço direito ganha novas forças
e o bebê pode voltar a ele,
que por sua vez se cansa de novo
e o braço esquerdo reassume.
Chega uma hora em que
ambos os braços estão cansados
e você usa a anca jogando o bebê
para cima do quadril,
ainda alternando os lados.
Quando isso já não dá mais
você o coloca contra o peito e o abraça,
cada mão enganchada no cotovelo oposto,
até que os braços enfim descansem
e você pode começar tudo de novo
de modo a carregar
seu bebê para sempre.

Manhã de chuva na Via Láctea

Para Eliane Castelo Branco

Felix está no chão, tirou cada coisa
do seu cestinho de coisas
e está no meio delas
examinando, sacudindo,
batendo uma contra a outra.
Seu pai também tirou cada poema
do seu cestinho
e está no meio deles,
batendo um contra o outro.
A mãe dorme,
às quatro da manhã
demos uma volta de carro
para adormecer o menino.
O problema não era leite,
não era corpo.
Parece que era apenas
o problema da vida
se alastrando dentro dele
feito uma chuva importante.
Mas ele está ali, tentando de novo.

Índice de títulos e primeiros versos

A
A cidade é um barulho de obra, 31
A jaca na bancada, 65
A moça espreguiça, 16
A senhora em boa forma é viúva., 48
Alagados, 63
Aonde, 55
Arquivo, 62
Árvores imensas, 37
Às vezes sem querer, 24

B
Biologia do amor, 52
Bizantina, 16
Bota no feijão, 60

C
Cadê a onça onipresente que ninguém nunca viu?, 17
Caminho, 48
Cartas de antigas namoradas, 63
Como dormir se hoje por exemplo, 32

D
Deitado com meu bebê de quinze dias, 43
Deve ser difícil, 59
Dorme a mulher, 22

E
Ela dorme, 15
Ela escorrega até o meu lado da cama, 25
Encontrei sua caixinha de joias, 56
Ensaboados, 30
Entardecer da madrugada, 59
Erros?, 23
Estou no cerne, 35

F

Felix está no chão, tirou cada coisa, 69
Filha única, 38
Filho, estou em 2019., 36

G

Galinheiro universo, 18
Ganhos e perdas, 24
Generalistas enciclopédicos, 11
Goiaba, 23
Golpes curtinhos desentranham, 53

H

Habitat, 47

I

Ilha de Ellesmere, 49

L

Lá e cá, 45
Lastro, 67

M

Maneira, 35
Manhã de chuva na Via Láctea, 69
Mapa-múndi, 19
Meu filho flutua, às vezes leva um susto, 64

N

Nascimento contínuo, 68
No dia em que descobrimos, 19

O

O baiano foi preso, 26
O cão do vizinho late para dois ouriços, 62
O cintilante, 25
O extremo norte do Canadá se desmancha em ilhas, 49
O galo sabe o que fazer, leva as galinhas, 33
O menino reorganizou os órgãos da mãe, 34
O pinguim macho volta do mar, 45
O que esses gatos pensam, 55
Ouvimos um sabiá no escuro, 51

P

Paisagem da paisagem, 64
PANDA (cadela):, 44
Panda e eu vivemos uma relação, 52
Pescador, 17
Piaçava, 53
Planando, 32
Poema da garça, 37
Poema que não sai do papel, 34
Poemas da Flor, 56
Ponte, 38
Preamar, 51

Q

Quero-quero na várzea, 31

R

Raiz, 22
Reza, 39
Robalo nenhum, 26
Rumo, 33

S

Saíram as pesquisas genéticas, 44
Se eu acreditasse em signo, 67
Se você está perto, 18
Seus espetos não furam a mão, mas por ser pesada, os espetos doem., 65
Sombra azul do ipê-amarelo, 15

T

Talvez ele leia este livro, 36
Tempo de viagem, 11

U

Um bebê é pesado, 68
Uma cigarra na árvore genealógica, 43
Uma mulher canta na noite do bairro, 47

V

Velho Dinei só come farinha com carne, 60
Vi meu bebê, 30
Vocês que andam pelos muros, 39

© Sylvio Fraga, 2022

Todos os direitos desta edição reservados à Todavia.

Grafia atualizada segundo o Acordo Ortográfico da Língua Portuguesa de 1990, que entrou em vigor no Brasil em 2009.

capa
Daniel Trench
arte da capa
Luiz Zerbini. *Blue, orange, green and gold 2*, 2017 © Luiz Zerbini
arte do verso de capa
Luiz Zerbini, *Sem título*, 2018 © Luiz Zerbini
reprodução das obras de capa
Pat Kilgore
preparação
Julia de Souza
revisão
Ana Alvares
Jane Pessoa

Dados Internacionais de Catalogação na Publicação (CIP)

Fraga, Sylvio (1986-)
Quero-quero na várzea : poemas / Sylvio Fraga.
— 1. ed. — São Paulo : Todavia, 2022.

ISBN 978-65-5692-338-3

1. Literatura brasileira. 2. Poesia. 3. Poesia contemporânea.
I. Título.

CDD B869.1

Índice para catálogo sistemático:
1. Literatura brasileira : poesia B869.1

Bruna Heller — Bibliotecária — CRB 10/2348

todavia
Rua Luís Anhaia, 44
05433.020 São Paulo SP
T. 55 11. 3094 0500
www.todavialivros.com.br

fonte
Register*
papel
Munken print cream
80 g/m²
impressão
Geográfica